Zur
FEIER

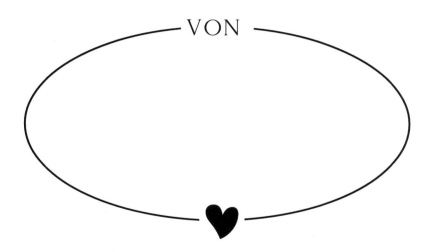

— VON —

♥

am

Steckbrief

Das bin ich: ....

Hier wohne ich: ....

meine Hobbys:

....

....

....

das mag ich gar nicht:

....

....

....

So fühle ich mich an meinen Geburtstag:

1   10

So stelle ich mir meine perfekte Geburtstagsfeier vor:

....

....

Das bin ICH

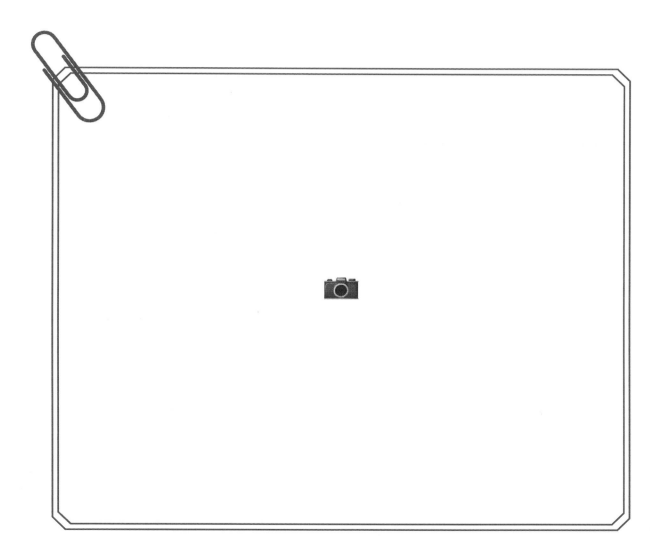

meine Gäste

meine Gäste

meine schönsten Fotos

Glückwünsche

Mein Name ist: ....

Daher kennen wir uns: ....
....

das wünsche ich dir

....
....
....
....

fotos.notizen.anekdoten

Glückwünsche

Mein Name ist: ....

Daher kennen wir uns: ....
....

das wünsche ich dir

....

....

....

....

fotos.notizen.anekdoten

Glückwünsche

Mein Name ist: ....

Daher kennen wir uns: ....
....

das wünsche ich dir

....
....
....
....

fotos.notizen.anekdoten

Glückwünsche

Mein Name ist: ....

Daher kennen wir uns: ....

....

das wünsche ich dir

....

....

....

....

fotos.notizen.anekdoten

Glückwünsche

Mein Name ist: ....

Daher kennen wir uns: ....

....

das wünsche ich dir

....

....

....

....

fotos.notizen.anekdoten

Glückwünsche

Mein Name ist: ....

Daher kennen wir uns: ....
....

das wünsche ich dir

....

....

....

....

fotos.notizen.anekdoten

Glückwünsche

Mein Name ist: ....

Daher kennen wir uns: ....

....

das wünsche ich dir

....

....

....

....

fotos.notizen.anekdoten

Glückwünsche

Mein Name ist: ....

Daher kennen wir uns: ....

....

das wünsche ich dir

....

....

....

....

fotos.notizen.anekdoten

Glückwünsche

Mein Name ist: ....

Daher kennen wir uns: ....

....

das wünsche ich dir

....

....

....

....

fotos.notizen.anekdoten

Glückwünsche

Mein Name ist: ....

Daher kennen wir uns: ....

....

das wünsche ich dir

....

....

....

....

fotos.notizen.anekdoten

Glückwünsche

Mein Name ist: ....

Daher kennen wir uns: ....

....

das wünsche ich dir

....

....

....

....

fotos.notizen.anekdoten

Glückwünsche

Mein Name ist: ....

Daher kennen wir uns: ....

....

das wünsche ich dir

....

....

....

....

fotos.notizen.anekdoten

Glückwünsche

Mein Name ist: ....

Daher kennen wir uns: ....

....

das wünsche ich dir

....

....

....

....

fotos.notizen.anekdoten

Glückwünsche

Mein Name ist: ....

Daher kennen wir uns: ....

....

das wünsche ich dir

....

....

....

....

fotos.notizen.anekdoten

Glückwünsche

Mein Name ist: ....

Daher kennen wir uns: ....

....

das wünsche ich dir

....

....

....

....

fotos.notizen.anekdoten

Glückwünsche

Mein Name ist: ....

Daher kennen wir uns: ....

....

das wünsche ich dir

....

....

....

....

fotos.notizen.anekdoten

Glückwünsche

Mein Name ist: ....

Daher kennen wir uns: ....
....

das wünsche ich dir

....

....

....

....

fotos.notizen.anekdoten

Glückwünsche

Mein Name ist: ....

Daher kennen wir uns: ....

....

das wünsche ich dir

....

....

....

....

fotos.notizen.anekdoten

Glückwünsche

Mein Name ist: ....

Daher kennen wir uns: ....

....

das wünsche ich dir

....

....

....

....

fotos.notizen.anekdoten

Glückwünsche

Mein Name ist: ....

Daher kennen wir uns: ....
....

das wünsche ich dir

....

....

....

....

fotos.notizen.anekdoten

Glückwünsche

Mein Name ist: ....

Daher kennen wir uns: ....
....

das wünsche ich dir

....

....

....

....

fotos.notizen.anekdoten

Glückwünsche

Mein Name ist: ....

Daher kennen wir uns: ....

....

das wünsche ich dir

....

....

....

....

fotos.notizen.anekdoten

Glückwünsche

Mein Name ist: ....

Daher kennen wir uns: ....

....

das wünsche ich dir

....

....

....

....

fotos.notizen.anekdoten

Glückwünsche

Mein Name ist: ....

Daher kennen wir uns: ....

....

das wünsche ich dir

....

....

....

....

fotos.notizen.anekdoten

Glückwünsche

Mein Name ist: ....

Daher kennen wir uns: ....

....

das wünsche ich dir

....

....

....

....

fotos.notizen.anekdoten

Glückwünsche

Mein Name ist: ....

Daher kennen wir uns: ....

....

das wünsche ich dir

....

....

....

....

fotos.notizen.anekdoten

Glückwünsche

Mein Name ist: ....

Daher kennen wir uns: ....

....

das wünsche ich dir

....

....

....

....

fotos.notizen.anekdoten

Glückwünsche

Mein Name ist: ....

Daher kennen wir uns: ....

....

das wünsche ich dir

....

....

....

....

fotos.notizen.anekdoten

Glückwünsche

Mein Name ist: ....

Daher kennen wir uns: ....

....

das wünsche ich dir

....

....

....

....

fotos.notizen.anekdoten

Glückwünsche

Mein Name ist: ....

Daher kennen wir uns: ....

....

das wünsche ich dir

....

....

....

....

fotos.notizen.anekdoten

Glückwünsche

Mein Name ist: ....

Daher kennen wir uns: ....

....

das wünsche ich dir

....

....

....

....

fotos.notizen.anekdoten

Glückwünsche

Mein Name ist: ....

Daher kennen wir uns: ....

....

das wünsche ich dir

....

....

....

....

fotos.notizen.anekdoten

Glückwünsche

Mein Name ist: ....

Daher kennen wir uns: ....
....

das wünsche ich dir

....
....
....
....

fotos.notizen.anekdoten

Glückwünsche

Mein Name ist: ....

Daher kennen wir uns: ....

....

das wünsche ich dir

....

....

....

....

fotos.notizen.anekdoten

Glückwünsche

Mein Name ist: ....

Daher kennen wir uns: ....

....

das wünsche ich dir

....

....

....

....

fotos.notizen.anekdoten

Glückwünsche

Mein Name ist: ....

Daher kennen wir uns: ....

....

das wünsche ich dir

....

....

....

....

fotos.notizen.anekdoten

Glückwünsche

Mein Name ist: ....

Daher kennen wir uns: ....

....

das wünsche ich dir

....

....

....

....

fotos.notizen.anekdoten

Glückwünsche

Mein Name ist: ....

Daher kennen wir uns: ....

....

das wünsche ich dir

....

....

....

....

fotos.notizen.anekdoten

Glückwünsche

Mein Name ist: ....

Daher kennen wir uns: ....

....

das wünsche ich dir

....

....

....

....

fotos.notizen.anekdoten

Glückwünsche

Mein Name ist: ....

Daher kennen wir uns: ....

....

das wünsche ich dir

....

....

....

....

fotos.notizen.anekdoten

fotos.notizen.anekdoten

fotos.notizen.anekdoten

fotos.notizen.anekdoten

fotos.notizen.anekdoten

fotos.notizen.anekdoten

fotos.notizen.anekdoten

fotos.notizen.anekdoten

fotos.notizen.anekdoten

fotos.notizen.anekdoten

fotos.notizen.anekdoten

fotos.notizen.anekdoten

fotos.notizen.anekdoten

Impressum

Nicis Feierei wird vertreten von:
Robert Menhart
Immanuel-Kant-Straße 43
84489 Burghausen
Deutschland
E-Mail: robertm@digitaltoart.de